RÉPONSE A UN AMI

SUR

L'EMPRUNT

ET

LES ÉLECTIONS.

ANGOULÊME,

IMPRIMERIE DE TEXIER-TRÉMEAU.

1839.

RÉPONSE A UN AMI

SUR

L'EMPRUNT

ET

LES ÉLECTIONS.

Monsieur,

Je suis vraiment contrarié de ne pouvoir partager aussi invariablement que vous l'opinion constante que vous professez, toujours avec la même ferveur, sur l'indispensable nécessité d'un second emprunt, pour achever les routes départementales et les chemins vicinaux actuellement classés.

Sous l'empire de la loi de 1824, qui ne rendait pas obligatoires, pour les communes, deux journées de prestations et 3 c. 1|3 additionnels, et qui ne laissait pas aux Conseils généraux la faculté d'en voter jusqu'à 5 c. spéciaux, on conçoit qu'en 1833 le Conseil général ait voté à l'unanimité un emprunt de 1,500,000 fr., dont 600,000 fr., contractés en 1834, commenceront à être amortis cette année, et 900,000, contractés en 1835, s'amortissent à partir de 1842, année de la plus forte annuité.

Basé sur le produit de 4 c. additionnels qui avaient été autorisés, quelques années antérieures, pour activer la confection des routes départementales, il suffisait d'obtenir le pouvoir de continuer la perception de cet impôt extraordinaire, pour assurer, avec les autres ressources départementales, le remboursement de l'emprunt, sans augmenter le nombre des centimes additionnels départementaux.

Sur l'exposé de l'état des ressources présenté au Conseil général en 1837, et même au mois d'août dernier, on conçoit également qu'on ait pensé que celles créées par la loi de 1836, dont on n'avait pas pu, à cette époque rapprochée, apprécier toute la valeur, étaient insuffisantes pour achever les 32 lignes vicinales, et qu'on se soit déterminé à voter un deuxième emprunt. On a été d'autant plus facilement conduit à recourir à cet expédient, qu'on a reconnu qu'il n'augmenterait que de deux centimes et demi additionnels le nombre de ceux que le département supportait en 1837, lorsqu'il en payait encore quatre pour faire la belle opération du cadastre. Pour ne pas cesser d'être exact, j'aurai l'honneur de vous faire remarquer que les centimes pour le cadastre ne portaient que sur le principal de la contribution foncière, tandis que ceux pour les chemins seront imposés sur les quatre contributions, l'industrie et le commerce étant également intéressés à une bonne viabilité en toute saison.

Aujourd'hui, s'il est constaté que la ressource qu'on croyait la moins productive peut l'être pendant quelques années, plus qu'aucune autre, pour la confection des chemins et même pour les routes départementales, si on voulait s'en servir, il m'est impossible, en présence d'une situation bien différente de celle de 1837 et même de celle du mois d'août 1838, de rester systématiquement dans l'opinion que j'ai émise il y a six mois. Je suis seulement resté invariable sous ce rapport, que les avantages sociaux et matériels qu'on retirera de l'exécution de la loi ne sont pas proportionnels aux charges qu'elle impose trop indistinctement à toutes les familles, aux plus nombreuses et aux plus pauvres des métayers et bordiers, etc., ainsi qu'à celles qui sont opulentes.

Sans parler du deuxième emprunt proposé, nous payons depuis 1837, pour les chemins de grande communication et les routes départementales, 12 c. 1|3 additionnels et deux journées de prestations représentant 20 c. additionnels sur le principal des contributions, d'où il résulte que le propriétaire qui se rédime en argent au lieu de faire ses prestations, paie 32 c. 1|3 dont 30 c. 1|3 environ pour les chemins de grande communication.

Je serais plus disposé à demander quelques modifications tendant à opérer des économies qui vous sembleraient des conséquences toutes naturelles de l'état de paix dont nous jouissons, et de discours tenus avec un heureux à-propos, à une mémorable époque. Si quelques salutaires réformes, jadis tant désirées, pouvaient s'opérer sans troubler aucune existence, ne devrait-on pas les tenter progressivement dans un moment de prospérité, afin de rendre réel un calme qui n'est, dit-on, qu'apparent.

Placés au parterre, ne pouvant porter nos regards que sur un horizon très circonscrit, pourquoi n'essaierions-nous pas, dans un moment si opportun, de faire entendre nos doléances à ceux qui, une fois casés aux premières, pourraient nous répondre, comme un de leurs prédécesseurs, « que » d'une région supérieure ils peuvent beaucoup mieux que » nous embrasser l'ensemble des affaires du pays, en ap- » précier les véritables besoins, et les diriger dans l'intérêt » de tous. » Ainsi écrivait, sous la restauration, un député fonctionnaire à un de ses jeunes collègues qui croyait pressentir l'avenir, « et dont, le 15 juin 1830, le ministre » provoquait la destitution comme tournant contre l'admi- » nistration l'influence dont il jouissait dans le départe- » ment, et agissant d'une manière hostile aux vues du gou- » vernement du roi dans les élections qui se préparaient. » Il est bien difficile au pouvoir, toujours entouré d'adula- teurs et souvent mal servi, de distinguer la vérité du men- songe ou de l'erreur, ses amis véritables de ceux qui ne le sont pas. On dédaigna, ou, pour mieux dire, on se méprit sur la sincérité et la justesse des avertissements, et 1830, qui n'a rien ajouté au passé et qui a coûté si cher, arriva. Le principe, je ne dirai pas sacré, mais salutaire pour les peuples, de la légitimité fut méconnu. Les partisans habiles du *quoique* et du *parce que* mettant en défaut ceux des des- cendants de l'homme de génie dont le nom était devenu po- pulaire après ses revers, relevèrent le trône que des circon- stances heureuses ont maintenu jusqu'à ce jour. Mais après celui-ci, que mettre à sa place ? La république, dit-on, ayant pour héritière de ses désastres passagers, mais terribles, le despotisme. Nous avons trop bien apprécié les funestes résultats de ces deux régimes pour ne pas les éviter, dût-il en coûter quelques sacrifices de position pour les uns, et d'amour-propre pour le plus grand nombre.

Veuille le ciel rendre plus clairvoyants ceux qui tiennent entre leurs mains les destinées d'un grand peuple qui ne concourt pas en nombre suffisant à déléguer ses pouvoirs, qu'il daigne leur inspirer l'amour de l'intérêt général et les porter à donner constamment l'exemple d'un dévoûment désintéressé, afin de créer un esprit national, sans lequel il ne peut y avoir d'améliorations possibles dans nos finances obligées de solder constamment une armée plus nombreuse que celles qui marchèrent triomphantes à Berlin et à Vienne !

Qui peut se flatter d'avoir toujours pour soi les vents et les étoiles pour diriger le vaisseau de l'état, d'être constamment heureux et sage ? Tant qu'un revers, une faute ou un crime, auront pour conséquence la chute du trône, il n'y aura d'avenir pour personne, l'égoïsme dominera toutes les classes qu'aucun lien n'unira; et la France, malgré ses 33,000,000 d'habitants, sera à la merci des ambitieux ou de l'étranger.

Les discours soporatifs ont cessé leur effet, il faut désormais des actions, comme il faudrait des miracles pour croire à Dieu, si nous n'en étions pas entourés. Le temps des vaines paroles est passé, les plus habiles et les plus fins sont usés. *La droiture seule peut nous sauver*, en réformant nos mœurs et retrempant notre caractère, qu'on ne distinguera plus des autres nations que sur les champs de bataille.

Il faut que le roi règne et ne gouverne qu'avec des ministres responsables, qu'on ne puisse jamais soupçonner même de n'être que les secrétaires du monarque, Dieu l'eût-il fait parfait.

Pour parvenir à créer un esprit public, laisser les allures diplomatiques et les discours méticuleux aux ambassadeurs, et jouer carte sur table est urgent. Le député, loin d'éviter d'entrer en communication avec ses concitoyens, doit provoquer des réunions où tous les électeurs puissent l'entendre professer hautement ses doctrines politiques, et les motifs qui l'ont porté à soutenir un ministère ou à lui refuser son concours.

Ne serait-il pas au moins convenable que les électeurs, avant d'élire le député de leur arrondissement, connussent quelles sont ses opinions sur les questions principales qui préoccupent les esprits sérieux, au nombre desquelles il faut placer : 1° la réduction du taux de l'intérêt de la rente; 2° un dégrèvement d'impôts; 3° la liberté de l'enseignement et la suppression de la rétribution universitaire; 4° des modifications aux lois de septembre; 5° la suppression du casuel en conservant facultatif celui du luxe; 6° une nouvelle circonscription de communes afin d'agglomérer des populations plus nombreuses, qui n'exigeraient qu'un curé, qui pourraient être mieux administrées, et procurer à l'instituteur des moyens suffisants d'existence, sans recevoir une subvention de la commune; 7° une sage réforme électorale; 8° la nécessité d'avoir en temps de paix une armée moins onéreuse au trésor ; 9° la nomination, par département, de deux pairs de France pris parmi les noms historiques et les familles les plus riches par leurs propriétés territoriales et industrielles, laissant au roi la faculté d'en nommer un plus grand nombre ; 10° enfin, sur l'urgence de donner à l'administration les moyens de terminer les routes et chemins classés.

Ces réunions, qu'on ne saurait trop désirer, qu'il est de l'intérêt bien entendu des électeurs de provoquer, présidées par des hommes recommandables, et seulement composées d'électeurs, produiraient, avec le temps, les plus heureux effets.

Comme par le passé, selon toutes les probabilités, les cinq députés de la Charente seront réélus. Un département dont l'opinion est centre-gauche enverra des députés du centre-droit. Là où la maxime, le roi règne et ne gouverne pas, est celle de la majorité des citoyens, on pourrait élire des députés qui penseraient que le roi doit régner et gouverner. Eh bien, tant que des colléges on pourra obtenir de semblables résultats, quelque honorables que soient les noms qui sortiront victorieux de la lutte, les principes constitutionnels ne pourront pas pousser de nombreuses et profondes racines dans le sol, et le sort de 1815 ou de 1830 au moins est réservé au gouvernement qui n'aura pas su constituer la société sur des bases assez larges pour être solide ! On ne doit plus commettre la faute de demander aux fonctionnaires plus que la manifestation de principes politiques identiques avec ceux du régime qui gouverne. Exiger davantage, essayer de violenter leurs consciences, c'est les déconsidérer et les porter, sinon à la trahison, du moins à la désaffection et à l'hypocrisie.

Si M. Albert eût voté avec le ministère, pourrait-on faire un crime à un fonctionnaire d'avoir cherché à faire élire M. Gellibert, et ne serait-il pas injuste de le destituer si ses démarches n'étaient pas couronnées de succès ?

Pendant et après les journées de juillet, d'honnêtes citoyens investis de la confiance populaire, parce qu'ils passaient pour professer des idées très libérales, ont exercé une salutaire influence dans l'intérêt du respect dû aux personnes et aux propriétés, et tout naturellement plusieurs d'entr'eux ont été appelés à servir le nouveau gouvernement.

Rappelez-vous les événements de Paris des 5 et 6 juin 1832, et veuillez me dire dans quelle situation nous nous serions trouvés, si l'autorité eût succombé? Que serait-il arrivé si Fieschi eût atteint tout son but? Au moment même où je vous écris, quels seraient les hommes qui pourraient maîtriser par leur ascendant les égarements de la multitude mise en mouvement par suite d'une forte émotion politique? Je pourrais bien mettre plus à nu la plaie de notre époque, pour vous prouver que des corps d'élite seraient impuissants pour opposer une digue au torrent qu'arrêtèrent jadis l'opposition de quelques hommes dont la voix serait actuellement plus que méconnue.

Tant qu'il n'y aura pas dans les communes d'honnêtes citoyens entourés de l'estime et de la considération des hommes éclairés et jouissant de la confiance des classes inférieures; que le roi ne pourra pas, comme les souverains absolus de Vienne, Berlin, etc., se complaire à se promener en pleine sécurité dans les rues de la capitale, serait bien incrédule celui qui dormirait sur les deux oreilles et qui n'imiterait pas, comme un très grand nombre des plus haut placés, le rat de La Fontaine.

Ces hommes indispensables à notre état social, il faut les former, en commençant par les députés.

Tous les esprits judicieux, dégagés d'intérêt personnel, et sincèrement désireux de voir se consolider le gouvernement constitutionnel, sont d'accord pour reconnaître qu'un trop grand nombre de fonctionnaires, admissible à la Chambre, ôte aux lois une partie de leur sainteté, en énervant l'action de l'administration ou de la justice.

Les journaux, en répétant que, parmi les 221 députés ministériels, on en compte 171 et même 178 qui prennent part au budget, ne sont-ils pas pervenus à ternir aux yeux d'un grand nombre d'électeurs les intentions des députés qui n'ont pas refusé leur concours à un ministère dont ils ont cru devoir approuver une grande partie des principaux actes, comme l'évacuation d'Ancône, etc.

Il y aurait un avantage réel à diminuer le nombre des fonctionnaires-députés, à leur accorder un traitement honorable, et surtout à faire concourir un plus grand nombre de citoyens à leur nomination.

Laissant à d'autres le soin de désigner les capacités, dans l'ordre civil, militaire, et sans omettre le clergé auquel la loi devrait conférer le droit d'élire, ne serait-il pas aussi d'une bonne politique de faire concourir, par représentation, la très grande partie des propriétaires qui ne paient pas 200 fr., à la nomination du député de l'arrondissement.

Les communes qui versent annuellement leur contingent d'hommes dans l'armée, d'argent dans le trésor royal, devraient, il me semble, prendre part à la nomination du député de l'arrondissement qu'elles composent.

Aux électeurs payant 200 fr. et aux capacités à qui la loi donnerait le droit de voter, il suffirait d'adjoindre des électeurs délégués, nommés par les électeurs communaux, dans la proportion d'un électeur délégué par 100 ou 200 âmes de population, pris parmi les plus imposés de la commune, après ceux payant 200 fr. au moins. Une députation formée avec de tels éléments représenterait réellement la nation.

Des colléges nombreux affranchiraient le député d'une infinité de ménagements, d'exigences même de certaines familles influentes, et lui permettraient de consacrer tout son temps à l'étude. — Pour être réélu il lui suffirait d'avoir accompli entièrement le mandat d'un loyal et laborieux député.

Désormais on ne pourra plus mettre le clergé et la noblesse à l'index des populations dont le mécontentement éclaterait si les charges publiques suivaient toujours une progression ascendante.

On compare souvent la France à une fosse, *plus on en tire plus elle est grande,* affirme-t-on. Il serait plus sage de la considérer comme une mine précieuse qui, exploitée avec une trop grande avidité, s'écroule, et fait périr les ouvriers imprudents qui n'ont pas su en tirer un sage parti.

Ne doit-on pas regretter que les conseillers de Sa Majesté aient cru devoir demander aussi tôt une liste civile. Le plus riche propriétaire de l'Europe, avec les revenus des domaines de la couronne et une allocation de quelques millions au budget de l'état, ne pouvait-il pas environner, pendant quelques années au moins, le trône d'un luxe parfois nécessaire.

Si on s'en fût rapporté à la générosité de la nation pour doter les jeunes princes, lorsque le nouveau roi aurait eu réalisé des économies tant désirées sous le règne précédent, une conduite aussi désintéressée eût produit des résultats inappréciables, autant pour les gouvernants que pour les gouvernés.

L'avarice perd tout en voulant tout gagner.

« Mil huit cent trente, disait un de nos députés de cette » époque mémorable, a révélé une plaie dont on ne » soupçonnait pas l'existence dans une partie de la na- » tion. » Ce mal est devenu contagieux. Qui en arrêtera le progrès? des députés élus par un bien plus grand nombre d'électeurs.

Je reviens à mon sujet principal, et avec la franchise que je réclame des personnes distinguées autant par leurs lumières que par leur position, je viens vous faire connaître les documents qui m'ont servi à me démontrer à moi-même qu'on peut se dispenser d'avoir recours à un second emprunt, quoique bien moins onéreux et engageant moins l'avenir que le premier.

Je reconnais comme vous, Monsieur, que des ressources

supplémentaires sont indispensables. La difficulté consiste à
en créer qui soient plus avantageuses qu'un nouvel emprunt
basé sur le produit de 9 c. 1|2 qui donneraient une res-
source annuelle de 237,500 fr. , en calculant qu'un centime
additionnel donne communément 25,000 fr.

Une mesure, adoptée en opposition aux intérêts des populations du département, peut avoir des effets trop funestes dans des circonstances qu'on ne peut prévoir, pour qu'il
ne soit pas du devoir de tout citoyen de l'étudier afin d'en
proposer un autre qui lui semblerait plus équitable pour
atteindre le même but, et, par conséquent, sans entraver
la marche de l'administration. Le jour où toutes les questions locales d'une certaine importance seront discutées
avec le seul désir de les éclairer, la vérité, se faisant jour
de toutes parts, arrivera aux magistrats comme aux députés,
et alors seulement il sera permis d'espérer de former un
esprit national. Depuis le maire de bourgade jusqu'au
souverain, tout ce qui est l'effet de l'élection doit mar-
cher avec la majorité. La victoire désormais sera toujours du côté des plus forts bataillons. Toute l'habileté
consistera à gagner leur confiance, afin de les diriger
avec cet accord qui est l'âme du succès. Qui n'a pas été
à même d'apprécier tous les sacrifices qu'un maire éclairé,
estimable et considéré a obtenus de ses administrés indiffé·
rents sous un autre chef.

Une sage prévoyance commande au département d'avoir
une situation financière qui lui permette de pouvoir faire
toujours à propos un sacrifice profitable. Peut-on raison-
nablement espérer qu'on donnerait une affectation d'uti-
ité publique aux vastes bâtiments de l'École de marine ;

qu'on nous favoriserait d'un canal ou d'un chemin de fer de Bordeaux à Paris, sans soumettre le département à quelques conditions onéreuses ? Non sans doute. Dans cette attente, sachons conserver une poire pour la soif.

N'inférez pas de ces raisonnements que je sois comme tant d'autres, préoccupé de l'idée de laisser au gouvernement une situation trop engageante à nous imposer de nouvelles charges. Je crois, au contraire, qu'il faut à propos et avec mesure dépenser pour son utilité. Semer sur son terrain, ni trop clair ni trop dru, c'est le plus sûr moyen de récolter soi-même abondamment.

D'accord avec vous sur le fond, j'espère que nous le serons bientôt sur les moyens d'arriver au même résultat, seulement un peu moins promptement que vous.

Avant de comparer la situation de 1833 et d'août 1838 avec celle de l'époque actuelle, permettez-moi de vous confirmer que je suis plus convaincu que jamais que le plus grand bienfait dont on puisse faire jouir surtout les populations rurales, consistait dans la création et l'amélioration des voies de communication. La réalisation de cette heureuse idée a été commencée dans un moment on ne peut plus opportun. En détournant les esprits absorbés par la politique pour les fixer sur un projet d'utilité publique et les faire concourir à son exécution, M. Larreguy a fait preuve d'habileté ; il a rendu son administration plus facile dès son début, et s'acquerrera des droits aussi imprescriptibles à la reconnaissance des Charentais, que seront durables les résultats avantageux dont il aura doté le pays. La mémoire de Turgot est vénérée à Limoges, et pendant qu'il y ad-

ministrait la province il ne fut pas à l'abri de la criti-
que. Ses vues d'amélioration n'ont été bien appréciées que
longtemps après son départ. Un pareil sort est réservé
à tous les hommes qui sortent de la route commune. La
censure d'abord, et des témoignages de reconnaissance
ensuite.

On blâme l'administration d'avoir dépassé ses crédits,
d'avoir imprimé une trop vive impulsion à la confection
des travaux, et enfin d'avoir beaucoup trop commencé
et rien fini. Ces reproches ainsi limités sont des éloges.

Si l'on n'eût commencé que huit ou dix lignes à la fois,
sans doute elles seraient achevées; plus de 2,000,000 seraient absorbés, et les autres localités eussent prêté sans
espoir de réciprocité. L'administration s'est méfiée de notre
esprit d'égoïsme, et l'on doit s'en applaudir.

On serait bien plus tolérant, on l'excuserait même,
si on faisait un plus impartial usage de sa mémoire:
qu'on se rapporte à 1832, 1833, 1835, et même à 1836
et 1837. Alors, on ne trouvait pas d'expressions assez
flatteuses pour louer sa conception et son activité. Le
très petit nombre de ceux qui ne partageaient pas l'an-
goûment du moment étaient réduits au silence. Ils eussent passés pour gens à petites vues, esprits étroits,
bornés et rétrogrades, ceux qui n'auraient pas paru de
l'avis de l'immense majorité des membres du Conseil
général qui approuva, comme judicieuse, l'idée émise
de n'avoir qu'un seul entrepreneur, dont la fortune et
l'expérience suffiraient à toutes les conditions qui lui seraient imposées. On oublia dans ce moment d'entraîne-
ment qu'une administration n'a que la voie de la con-

currence, par la plus grande publicité, pour choisir
les entrepreneurs des travaux publics. On devait d'autant moins s'écarter, dans la circonstance, de ce principe d'équité autant qu'avantageux, qu'il s'agissait d'une
opération immense pour le département. Fractionnée,
elle eût mis en jeu l'amour-propre des entrepreneurs,
et eût fourni des moyens de comparaison toujours pré-
cieux. Le grand réseau de Confolens à Montmoreau, et
quelques autres lignes conçues dans la même pensée,
étaient considérés comme des projets admirables ; quelques enthousiastes exagérés ne voulaient plus de routes
départementales, et quelques autres eussent volontiers
licencié le corps des Ponts et Chaussées, trop méthodi-
que dans ses opérations. Eh bien, quand presque toutes
les notabilités du département', les représentants des
cantons, les députés encourageaient, louaient, prônaient
la marche accélérée de l'administration, serait-il étonnant
qu'elle se fût fait plus d'une illusion, et qu'elle eût trop
dépassé, peut-être, la mesure et le but seulement d'utilité cantonnale que d'abord elle voulait atteindre, quand
elle donna son instruction du 25 janvier 1832 pour faire
des chemins de 6 m. entre-fossés ? Le temps seul jugera
cette question. Avec la marche de nos idées, tout an-
nonce qu'elle sera appréciée, et qu'aux 32 lignes on en
ajoutera bien d'autres de 6 m. qu'on obtiendra à 2 fr. 50 c.
le mètre linéaire.

Pour reconnaître que ces observations sont vraies, qu'on
lise les délibérations des Conseils généraux, d'arrondissement et municipaux; qu'on n'oublie pas qu'on a confectionné 500,000 m. (125 lieues) sans ne dépenser que
500 fr. donnés volontairement par des personnes aisées,

pour indemniser quelques petits propriétaires qui, mal conseillés, n'ont pas cru devoir concéder gratuitement leurs terrains, parce que le chemin ne passait pas devant leur porte. La générosité de simples journaliers, presque de malheureux, qui n'ont pas eu les honneurs d'un ordre du jour, abandonnant sans indemnités leurs terrains, est digne d'admiration. Cette circonstance suffit pour faire apprécier tout ce qu'il serait possible d'obtenir de sacrifices à la cause publique, quand de bons exemples seront donnés par l'élite d'une nation telle que la nôtre.

L'opinion ne s'est attiédie parmi la petite propriété surtout, que parce qu'on n'a pu satisfaire simultanément toutes les exigences, et aussi parce qu'on a cru remarquer que la confection des chemins n'avait pas été assez soignée sous le rapport de l'art et de la solidité. On reproche à quelques lignes, d'une importance départementale, de présenter des rampes trop rapides; et en général on se plaint de l'insuffisance en qualité et en quantité des matériaux employés pour les chaussées d'empierrement.

Cette observation peut être fondée, parce qu'avant 1837, c'est-à-dire pendant les années où les travaux ont été exécutés avec une prodigieuse activité, le personnel salarié chargé de leur surveillance n'était pas en proportion de leur développement, et qu'on n'y avait pas suppléé par des dispositions prescrites par le décret de 1811, sur la création des routes départementales.

Pour 4 fr. 12 c., dernier prix moyen du mètre linéaire des chemins, non compris les ouvrages d'art, peut-on, dans une proportion relative, obtenir une aussi bonne confection que les Ponts et Chaussées pour les routes départementales, qui ont 13 mètres de largeur, et dont le mètre linéaire revient, depuis quelques années seulement, à 7 fr. ? Si l'on peut attribuer la diminution qu'on a obtenue pour la confection du mètre linéaire à la sorte de rivalité qui a existé entre MM. les ingénieurs et MM. les commissaires-voyers, on reconnaîtra que la concurrence est, en thèse générale, avantageuse, et qu'il était du devoir de l'administration de s'en servir pour l'exécution des grandes lignes vicinales.

Laisser se détériorer 500,000 m. parsemés çà et là sur des parcours, dont la totalité s'élève à plus de 1,200,000 m., ou, en d'autres termes, ne pas utiliser, dans un délai raisonnable, plus de 2,000,000 dépensés, ne peut être la pensée d'un homme sensé. Le fruit de plusieurs années d'un travail actif et dispendieux ne doit pas languir par un manque de persévérance. Une telle conduite serait trop condamnable pour qu'elle pût être proposée. Le *statu quo* n'est pas admissible. Ce serait, pour me servir d'une expression aujourd'hui devenue vulgaire, faire halte dans la boue.

Se mettre en garde contre une trop grande précipitation, faire en deux ans ce qui en exigerait quatre pour être solidement exécuté, est aussi nécessaire à éviter qu'une trop grande lenteur. Aux personnes, Monsieur, qui, comme nous, ont dépassé la cinquantaine, et qui prétendent avec raison qu'à notre âge et à notre époque, sept ans font un siècle, rappelons que nous ne formons que la minorité de la population. Aux approches de la caducité, préservons-nous de l'égoïsme contre lequel nous déclamons tous sans nous corriger. Prendre dans la circonstance pour règle

de conduite les paroles si judicieuses prononcées par
M. Albert, dans une séance du Conseil général qu'il pré-
sidait : *Il ne faut pas sacrifier à de trop justes impa-
tiences les espérances de l'avenir*, me semble le parti
qu'on doit adopter dans la situation où se trouve le département, pour terminer les 32 grandes lignes vicinales
en voie d'exécution, ainsi que les routes départementales
non entièrement achevées.

Le 30 novembre 1832, le mètre linéaire des chemins de
6 m. entre-fossés coûtait 2 fr. 7 c. en argent, et 52 c. de
prestations, en tout, 2 fr. 59 c. Le travail des deux journées de prestations, alors volontairement votées par les
communes, ne rendait qu'un cinquième.

Le 1er juillet 1836, le coût du mètre linéaire achevé était
de 3 fr. 90 c. tout compris. La dépense à la charge du
département était de 3 fr. 47 c. ; 43 c. seulement représentaient la part contributive des communes.

Le 1er juillet 1837, la moyenne du mètre linéaire des
chemins de grande communication, de 8 m. entre-fossés,
était de 4 fr. 7 c. ; 3 fr. 68 c. étaient fournis par le département, et 39 c. par les communes qui n'avaient contribué
que pour un neuvième environ. Il est à remarquer, qu'à cette
époque, la loi de 1836, qui rend obligatoires pour les communes deux journées de prestations, n'avait pu encore
recevoir d'exécution sous ce rapport.

A partir du commencement de 1832, jusqu'au 1er juillet
1838, c'est-à-dire en sept années à peu près, on avait
confectionné et reçu 431,542 m. de chaussées de grande
communication, et on en avait, en outre, ouvert, plus ou

moins terrassés, 69,291 m. La dépense totale occasionnée par ces travaux s'élevait alors à 2,047,089 fr. A cette époque du 1er juillet dernier, y compris les ouvrages d'art, le mètre linéaire revenait à 4 fr. 17 c., dont 3 fr. 77 c. à la charge du département. 40 c. seulement représentaient la part des communes équivalant à un dixième, et on espérait qu'à la fin de l'année 500,000 m. seraient terminés, et qu'il n'en resterait plus à faire que 709,300 m., en supposant qu'on ait bien précisé la longueur des parcours des 52 lignes.

Ces appréciations très exactes, puisqu'elles sont extraites des rapports imprimés de M. le Préfet, m'avaient induit en erreur. Depuis le vote du premier emprunt, peu de communes fournissaient des prestations qui, avant la loi de 1836, étaient facultatives. Leur minime produit jusqu'à ce moment, comparé aux sommes considérables dont l'administration avait disposé depuis l'emprunt, m'avait porté à croire que cette ressource, dont jamais je n'avais été partisan, était presque négative, lorsque tout récemment j'ai eu plusieurs preuves du contraire. Il eût sans doute fallu apprécier par ligne, et mieux encore par commune, la part fournie par les prestations dans la confection du travail, c'eût été le plus sûr moyen de faire connaître, très approximativement, le parti qu'on pourrait en tirer, lorsque toutes les communes, traversées par une ligne non terminée, seraient obligées de les fournir.

Avant la dernière réunion du Conseil général, en présence des documents que je viens de mettre sous vos yeux, pouvait-on hésiter à recourir à un deuxième emprunt? Quand bien même on eût pu espérer qu'au lieu de ne participer que pour un neuvième, les ressources communales des prestations eussent pu donner un cinquième comme en 1832, on était dans l'obligation de reconnaître qu'il fallait vingt ans et peut-être plus pour achever, sans emprunt ou sans centimes additionnels extraordinaires, les 32 lignes.

Le dernier rapport de M. le Préfet au Conseil général n'avait pu faire changer ou modifier les convictions arrêtées en 1837 sur la nécessité d'un deuxième emprunt. A cette époque on n'avait pu encore apprécier les effets de la loi de 1836, qui rend obligatoires, pour chaque commune traversée par une grande ligne vicinale, deux journées de prestations. Les résultats que peut donner cet impôt n'étaient que très incomplétement connus de l'autorité ; manquant de piqueurs pour faire faire les prestations sur tous les points où elles étaient dues, au 1er juillet dernier, elle n'avait pu comparer qu'une faible partie de ses produits avec la totalité des travaux exécutés au moyen des fonds départementaux. M. le Préfet fait figurer, pour 1839, les prestations comme représentant une ressource de 90,602 fr., maximum qu'elles peuvent donner.

Depuis la session du Conseil général, des maires judicieux, des commissaires-inspecteurs, des commissaires-voyers, des entrepreneurs même, affirment qu'ils ont acquis la certitude que les prestations faites en bonne saison, en avril ou mai, donneront, bien surveillées et bien conduites, plus de mètres linéaires qu'on en obtiendrait par la voie de la régie ou de l'adjudication avec le montant du rôle, si tous les prestataires se rédimaient en argent.

Si ces assertions étaient exactes, les appréciations de

l'autorité ne le seraient pas. Les prestations de 1839 produiraient un travail qu'on ne pourrait pas obtenir avec
90,602 fr. ; par conséquent, cette ressource serait beaucoup
plus considérable qu'on ne l'aurait prévu.

Plusieurs communes n'ayant été mises en demeure de
faire leurs prestations qu'à la fin de 1837, qui a été constamment pluvieuse, ce ne sera réellement qu'à la prochaine
réunion du Conseil général qu'on pourra bien apprécier
tout ce que cet impôt peut donner en employant deux
ou trois journées à la confection des grandes lignes.

Il est évident qu'au fur et à mesure qu'on aura achevé
les parties de chemins qui traversent les communes, la ressource des prestations diminuera pour les travaux neufs.
Mais le produit de l'impôt extraordinaire, réparti entre un
moindre nombre de lignes, ou un plus petit nombre de
communes, agira plus puissamment. La totalité de ces deux
ressources, dont l'une sera fixe et l'autre décroissante, aura
sur ce qu'il restera à faire autant d'efficacité à la fin de
l'opération que les premières années.

Un rôle de deux journées de prestations appréciées en
argent, d'après le tarif très faible arrêté par le Conseil
général en 1836, représente une imposition addition-
nelle de 20 c. par franc sur le principal des quatre contributions directes. S'il est vrai que partout où la propriété est très morcelée, les prestations peuvent donner
un produit en travail, un cinquième et même un quart
plus fort que celui qu'on obtiendrait avec le montant
du rôle fourni en argent, les deux journées représen-
teraient 24 et 25 c. additionnels. L'expérience qu'on

va faire cette année constatera si cette assertion est vraie; dans ce moment on ne peut pas la prendre pour base d'un calcul. Dans la belle saison, des hommes bien disposés et bien dirigés, surtout quand les matériaux sont à pied d'œuvre, doivent faire un travail qui doit valoir 1 fr. 50 c., plutôt que 1 fr., prix des journées d'hiver, lorsqu'on en fait faire un grand nombre. Si le temps sanctionne ce qu'on croit positif, il y aura justice à élever le taux des conversions des journées en argent, afin qu'en toute saison l'administration puisse avoir un homme valide avec la somme qu'on sera tenu de donner pour se dispenser de faire ses prestations. La journée du propriétaire riche ou aisé doit être aussi productive au moins que celle de celui qui ne l'est pas. Il y aurait même justice à ce qu'elle le fût davantage.

Un tarif, par arrondissement au moins, ne serait-il pas préférable à un seul pour le département?

La confection des chemins, comme tous les travaux publics, doit présenter aux classes inférieures l'avantage de leur procurer des moyens d'existence. Tout le contraire arriverait si on les faisait faire, en majeure partie, au moyen des prestations qui pèsent bien plus lourdement sur les familles toujours plus nombreuses des artisans, des cultivateurs, des journaliers, métayers, bordiers, etc. : voici un inconvénient grave qu'il faut savoir éviter.

Les communes qui, au vote des prestations, ont joint, pendant cinq ans, celui du produit de 20 c. additionnels, ont le mieux apprécié l'esprit de la loi, et ont donné un exemple qu'il dépend du Conseil général de faire

suivre par toutes les communes traversées par une ligne
vicinale, dont la confection du parcours sur leur territoire n'est pas encore commencée. Si on mettait en doute
l'efficacité de cette mesure, il suffirait de rappeler que
309,000 fr. ont été votés en 1835 et 1836 par les communes dans l'espoir qu'elles seraient aidées par le Conseil
général pour faire des chemins d'embranchement.

Abandonnant les suppositions pour nous arrêter aux
réalités, il est positif que dans les communes qui se
sont imposé 20 c. additionnels pour les chemins, le
propriétaire qui se rédime en argent de prestations aux-
quelles il est tenu, paie, pour les grandes lignes vicinales, 1° 20 c. votés par la commune ; 2° 20 c. de prestations pour deux journées seulement ; 3° 5 c. spéciaux
votés par le Conseil général ; 4° 3 c. 1|3 obligatoires
pour les communes, et imposés d'office par l'autorité :
total 48 c. 1|3. Pour tout propriétaire, dans une com-
mune qui ne s'est pas imposé de centimes additionnels,
et dont la commune est traversée par une grande li-
gne, ce nombre se réduit à 28 c. 1|3. On néglige
de rappeler les 4 c. additionnels dont le produit est
affecté à l'amortissement de l'emprunt, parce qu'ils sont
une charge et non une ressource.

A d'aussi puissants éléments, et avec l'impulsion donnée à une très grande amélioration d'intérêt matériel,
il doit suffire d'en ajouter bien peu, seulement comme
stimulant, pour mener à bonne fin une très belle opération. Puisque dans sept ans on a fait 500,000 m., ou
125 lieues, on ne pourrait pas être accusé d'aller trop
lentement, si, dans le même laps de temps, on en faisait plus de 700,000 m., ou près de 200 lieues.

Je ne vous parlerai du premier emprunt de 1,500,000 fr. autorisé en 1834, et basé sur une ressource annuelle de 180,000 fr. composée de 99,000 fr., produit de 4 c. additionnels et de 81,000 fr. prélevés annuellement sur les budgets départementaux, que pour rappeler que d'après les calculs présentés par M. le Préfet au Conseil général, en 1833, il a dû coûter d'intérêts pendant les cinq premières années, c'est-à-dire depuis et y compris 1834, jusques et y compris 1838 . . . . 225,000 fr.

Et de cette dernière année jusqu'à son amortissement en 1853, selon l'état présenté au Conseil général en 1837, il coûtera 616,890

TOTAL des intérêts payés pendant vingt ans . . . . 841,890 fr.

Le chiffre de 225,000 fr. n'est pas exact, parce que les 1,500,000 fr. n'ont pas été réalisés par cinquième, et que le taux de l'intérêt a été un peu au-dessous de 5 p. $^{0}/_{0}$; néanmoins, comme il a été effectué en deux parts, l'une de 600,000 fr. et l'autre de 900,000 fr., il est au moins probable qu'il n'est pas inférieur à celui qui a été payé.

Avec la faible et unique ressource de 180,000 fr. on ne pouvait pas se dispenser de recourir à un emprunt pour activer les travaux, puisque autrement il eût fallu douze ans pour dépenser 2,160,000 fr., somme qui approche le plus de celle de 2,175,000 fr, dont l'administration a pu disposer en cinq ans, en joignant à l'emprunt la somme annuelle disponible de 180,000 fr., destruction opérée de l'intérêt dû pour solder l'emprunt avant le commencement de son amortissement.

Au premier·janvier 1839, 500,000 m. de chemins de grande communication étant achevés, 709,300 m. restant à faire, ainsi que environ 50,000 m. de routes départementales, le Conseil général dans sa séance du 28 août dernier a voté à la majorité de 14 voix contre 11, un deuxième emprunt de 1,500,000 f. à 4 p. °|₀, réalisable en quatre parts, à compter de 1840, dont un partie servirait à l'extinction du premier emprunt, attendu que la somme que recevait le département pour sa part dans le fonds commun, a été diminuée de 49,000 fr., en vertu de la loi du 10 mai dernier.

Le nouvel emprunt doit être ba₃é sur les produits, 1° des 5 centimes spéciaux que vote annuellement le Conseil général pour les chemins de grande communication et qui seraient rendus fixes; 2° sur deux centimes et demi additionnels, et enfin de deux autres centimes, en tout 9 centimes 1|2 donnant annuellement environ 237,500 fr., en calculant qu'un centime prélevé sur le principal des quatre contributions produit 25,000 fr.

Voici le tableau qui démontre qu'en quatre ans. l'administration aurait à disposer de 2,290,000 fr., en ne distrayant de la ressource annuelle de 237.500 fr. que les sommes nécessaires pour payer l'intérêt des parties effectuées de l'emprunt.

1840.—	1re année	400,000 f.	plus	237,500 f.	moins	16,000 f.	reste	621,500 f.
1841.—	2e —	500,000	—	237,500	—	36,000	—	701,500
1842.—	3e —	500,000	—	237,500	—	48,000	—	489,500
1843.—	4e —	500,000	—	237,500	—	60,000	—	477,500
		1,500,000	—	950,000	—	160,000	—	2,290,000 f.

Des calculs exacts prouvent qu'à partir de 1844, le capital de 1,500,000, au moyen de la ressource annuelle de 237,500 fr., serait amorti en huit ans, c'est-à-dire au

1ᵉʳ janvier 1852, et il y aurait un reste de 135,524 fr. pour cas imprévus qui se présentent toujours dans une opération majeure.

Les intérêts payés pendant les huit dernières
années s'élèvent à...................... 264,476 fr.
Ceux des quatre premières années à...... 160,000

TOTAL des intérêts payés pendant les
douze années.................. 424,476 fr.

Evidemment ce second emprunt serait infiniment moins onéreux que le premier, et engagerait moins l'avenir.

Si on renonçait à l'emprunt et qu'on affectât la ressource annuelle de 237,500 fr. aux routes et chemins, etc, on ne la paierait, cette somme, que dix ans au lieu de douze, pour avoir 2,375,000 fr., et on économiserait 424,476 fr. d'intérêts, avec lesquels on ferait, à 4 fr. le mètre linéaire, 106,119 m., ou 26 lieues et demie.

Pour 1839, M. le Préfet a établi dans son rapport que les ressources consistaient, pour les chemins de grande communication, savoir :

1° 5 c. spéciaux............	123,854 fr.	⎫
2° 3 c. 1|3 communaux obligᵉˢ.	82,781	⎬ 297,237 fr·
3° 2 journées de prestations...	90,602	⎭

A DÉDUIRE.

Personnel des agents-voyers.	16,400	⎫
Pour cent cantonniers, à raison		⎪
d'un cantonᵉʳ pour 5,000 m.		⎬ 54,400
à 380 fr...............	38,000	⎭

RESTE DISPONIBLE............ 242,837 fr.

Si l'emprunt était autorisé, la somme de

123,854 fr., produit des 5 centimes spéciaux,
serait retranchée de celle de 297,237 fr. qui
serait réduite à...................... 173,383 fr.

Retranchant la solde du personnel,...... 54,400

La somme disponible ne serait que de. . 118,983 fr.

On ne doit pas oublier qu'on a fait remarquer qu'au
fur et à mesure que les travaux avanceraient, cette ressource diminuerait, parce qu'il faudrait nécessairement
augmenter le nombre des cantonniers, et qu'un nombre
moindre de communes fournirait des prestations.

A cette ressource décroissante de 118,983 fr., l'emprunt mettrait l'administration à même de joindre un
capital de 2,290,000 fr. à dépenser en quatre ans pour
achever les routes et chemins classés.

Créer une ressource égale à 2,290,000 fr. disponible en
sept ans, temps nécessaire pour bien surveiller la confection de plus de 700,000 m. de chemins, sans imposer le
département pendant 12 ans à 9 c. 1|2 qui donnent
237,500 fr. et lui faire payer, par conséqnent, 2,850,000 fr.,
est le problème à résoudre.

Partant du principe consacré par la loi que les chemins
vicinaux de grande communication ne peuvent pas être
considérés comme d'une utilité entièrement départementale; qu'ils ne doivent recevoir que des subventions pour
aider les communes à leur confection; qu'il est juste que,
ainsi que pour les autres améliorations locales, chaque
commune concoure à leur achèvement, en raison de l'avantage qu'elles retireront de ces communications, je propo-
serais comme moyens plus équitables les suivants :

Demander que le département soit seulement autorisé à s'imposer, au lieu de 9 c. 1|2 , 6 c. seulement pendant sept ans ; cet impôt additionnel ainsi réduit donnerait pour un an 150,000 fr. pendant sept ans.......... 1,050,000 fr.

Le tarif des appréciations des prestations en argent étant trop faible, on l'augmente-rait d'un tiers, afin d'avoir des personnes riches ou aisées qui se rédiment en argent une augmentation de produits pendant sept ans, qui donnerait au moins............. 100,000

Au lieu de deux journées de prestations, il suffirait à l'administration de le vouloir pour disposer les communes à affecter le maximum de trois journées aux chemins de grande communication. Cette addition d'une journée produirait un travail qu'on peut, sans exagérer, évaluer, pour sept ans, à........ 150,000

Les communes sur le territoire desquelles les chemins sont terminés, ont été favorisées par le 1er emprunt ; plusieurs même n'ont pas fourni de prestations. Il serait juste que le Conseil général laissât à leur charge, pendant sept ans, le traitement des cantonniers et chefs-cantonniers. Cette mesure toute d'é-quité, appliquée aux autres communes dont les chemins s'achèveraient successivement, laisserait la disponibilité d'une somme an-nuelle de 38,000 fr., qui en sept ans donne-rait............................... 266,000

A reporter........ 1,566,000 fr.

Report.......... 1,566,000 fr.

Répartir annuellement les sommes disponibles entre les communes, uniquement en raison des sacrifices qu'elles se seraient imposés, assurerait un supplément de ressources qu'on ne peut évaluer à moins de....... 300,000

Puisqu'on a vu que pour de simples embranchements on s'était imposé 309,000 fr., on n'agit pas différemment pour les réparations aux presbytères, pour la maison de l'instituteur, pour une halle, etc.

Sur les lignes où il ne reste guère plus que des ponts à faire, comme à Pranzac, Feuillade, etc., laisser en majeure partie cette dépense à la charge des communes placées sur la ligne et intéressées à jouir d'une prompte circulation, cette décision serait entièrement conforme à une disposition de la loi de 1824 conservée par celle de 1836, elle procurerait au département une économie, en y joignant les ponceaux, au moins de. 100,000

TOTAL approximatif des ressources présumées.................... 1,966,000 fr.

La différence de 6 c. additionnels, pendant sept ans, à 9 c. 1|2 qu'exigerait l'emprunt pendant douze ans, permettrait au Conseil général de voter les 5 c. spéciaux pendant cinq ans, et alors on aurait............ 625,000

TOTAL général des ressources........ 2,591,000 fr.

L'emprunt ne donnera, au bout de
quatre ans, que................. 2,290,000 fr.

L'EXCÉDANT des recettes présumées sur
celles positives serait de.......... 301,000 fr.

Quoique tout porte à croire que les prestations seront désormais plus productives que M. le Préfet ne les a évaluées dans son rapport, et qu'en outre, on obtiendra le mètre linéaire au-dessous de 4 fr. 17 c., il est cependant prudent d'avoir un excédant de recettes, dont quelques-unes ne sont pas aussi assurées que celles qui sont réclamées en vertu d'une loi.

En résumé, avec l'emprunt le département aurait dans quatre ans une somme disponible de 2,290,000 fr. pour achever environ 50,000 m. de routes départementales, contribuer à l'amortissement du 1er emprunt, à partir de 1842, et confectionner plus de 700,000 m. de chemins, laps de temps peut-être un peu court pour cette dernière opération, et en ayant annuellement, 237,500 fr., produit de 9 c. 1|2, il aurait, au bout de douze ans, payé 2,850,000 fr.

Et il lui resterait.......... 135,524 fr.

D'après le moyen qu'on vient d'exposer et qui n'aurait pas l'avantage d'être aussi prompt ni aussi sûr que l'emprunt, bien qu'il soit très équitable, le département ne paierait que :

1° Produit de 6 c. additionnels, donnant annuellement
150,000 fr. pendant sept ans. 1,050,000 fr.

2° 5 c. spéciaux, donnant
annuellement 125,000 fr. pendant cinq ans.............. 625,000

1,675,000

Économie réelle pour les fonds départementaux, en chargeant davantage les communes,
du moyen proposé sur l'emprunt.......... 1,175,000 fr.

Très mal à propos on s'alarmerait de notre situation.
Quiconque voudra se donner la peine de l'étudier avec
impartialité, reconnaîtra qu'elle est encore fort belle,
probablement plus avantageuse que celle d'aucun autre
département. Avec ce qui existe et ce qui est en voie
d'exécution, et en stimulant encore le zèle et l'activité
de ses agents, l'administration doit facilement trouver
le moyen de concilier l'intérêt départemental avec celui
des localités qui n'ont pas ce même degré d'importance.
Si elle ne peut compter sur un deuxième emprunt qui
sonne mal aux oreilles des contribuables et que repousse
la majorité de la députation. Forcément on sera conduit
à élever au rang des routes départementales quelques
lignes vicinales qui seront les plus fatiguées par le rou-
lage, et dont l'assiette n'aura pas coûté un centime. Leur
largeur de 10 m., égale à celle des routes départementales de quelques départements qui nous circonscrivent,
permettra de les embrancher sans disparate. Peut-être
faudra-t-il adoucir quelques rampes signalées comme trop
rapides.

En donnant à des associations de journaliers du pays,
au lieu d'employer de préférence des terrassiers étran-
gers, des parties de chemins à faire à prix fixe, il est
positif qu'on obtiendrait le mètre linéaire à un prix inférieur au prix moyen actuel. Cette mesure, de toute
équité, fournirait aux prestataires peu aisés et même
pauvres, aux métayers et bordiers, l'occasion, non seulement de se récupérer des prestations qu'ils auraient

données, mais, en outre, de faire quelques bénéfices. Cette manière paternelle et bien certainement économique d'employer les fonds votés par les communes et accordés par le département, rendrait plus supportable l'exécution de la loi qui pèse trop sur les classes laborieuses.

Il est bien peu d'hommes aujourd'hui qui ne soient pas assez intelligents pour exécuter un nivellement soigneusement indiqué par un piquetage, fait en leur présence par MM. les commissaires ou sous-commissaires-voyers ou par le chef-cantonnier.

L'homme qui travaille pour son compte fait bien plus d'ouvrage que celui qui est à la journée, quelque bien surveillé qu'il soit. Partout où les matériaux sont à pied d'œuvre, où les déblais font les remblais et les pierres à de courtes distances, le matériel consiste seulement en brouettes, et un camion est quelquefois même superflu.

Si l'emprunt passe, et à plus forte raison s'il n'est pas autorisé, et qu'il faille demander aux communes des sacrifices proportionnels à l'intérêt qu'elles auront à la confection des chemins, je croirais que l'administration augmenterait son influence dans les communes, en adoptant quelques-unes des dispositions modifiées des articles 25 et 27 du décret impérial du 16 décembre 1811 sur la création des routes départementales.

On est d'autant plus disposé à s'imposer des sacrifices, qu'on est mis à même d'en apprécier l'emploi détaillé. Je souhaiterais donc que l'administration jugeât convenable de prescrire des mesures, afin que MM. les maires, inspecteurs et autres propriétaires réunis en commission pussent suivre l'affectation des fonds à la confection de la ligne qu'ils surveilleraient, soit par la voie de régie ou d'adjudication, etc.

Je suis dans l'intime conviction que c'est en imitant, autant que possible, les conseillers municipaux les plus imposés, et par suite tous ceux qui supportent des charges extraordinaires, pour une amélioration d'utilité locale, à l'emploi des centimes additionnels, subventions du département et prestations, qu'on peut soutenir les heureuses dispositions des populations à faire de nouveaux efforts pour achever les travaux commencés.

Est-il plusieurs membres du Conseil général ou d'arrondissement, des maires ou des inspecteurs qui aient pu suivre et apprécier les dépenses faites au fur et à mesure de l'avancement des travaux, de manière à pouvoir satisfaire la curiosité, toute naturelle, d'un propriétaire imposé à 20 c. additionnels communaux, aux prestations, etc., etc. ?

Avant le départ des députés pour Paris, MM. les membres du Conseil général ne devraient-ils pas considérer comme un devoir à remplir de mettre l'administration en demeure de solliciter de suite l'autorisation de réunir extraordinairement le Conseil ?

Dans une session qui aurait un but spécial, il serait plus facile de s'entendre sur l'emprunt, ou d'adopter tout autre expédient qui, réunissant l'assentiment de la dé-

putation, serait par elle soutenu tant auprès des ministres qu'à la Chambre, s'il était nécessaire.

Que messieurs les membres du Conseil général veuillent
bien me permettre de leur rappeler que le département a
éprouvé une diminution de 50,000 fr. sur le fonds commun,
et qu'à commencer en 1842, et pendant plusieurs années
suivantes, il faudra près de 200,000 fr. pour payer l'intérêt et opérer le remboursement du premier emprunt;
que cette année, les Ponts et Chaussées n'ont qu'une
très faible allocation ; qu'il est dû des sommes considérables anx entrepreneurs, et qu'enfin 500,000 m. con-
fectionnés, qui ont coûté plus de 2,000,000, ne peuvent
être isolés des 700,000 m. qui restent à terminer.

A peine avais-je commencé à étudier la question d'un
deuxième emprunt, dans le seul but d'en faire apprécier
les avantages et les inconvénients, que j'ai ressenti la
commotion donnée à l'opinion politique par la dissolu-
tion de la Chambre. Malgré moi, j'ai fait une digres-
sion à mon sujet, en émettant des idées sur des réformes
et des améliorations que je crois une nécessité de notre
situation, conséquence toute naturelle des circonstances
qui ont appelé au trône une nouvelle dynastie.

Les améliorations pour lesquelles je fais des vœux sin-
cères, me paraissent aussi indispensables au maintien
de la branche cadette des Bourbons, que sous le régime de la branche aînée je considérais les lois mu-
nicipales et départementales, la liberté de l'enseignement,
etc., etc., comme des garanties de stabilité. Si, à cette
époque, j'étais dans l'erreur, on voudra bien avoir l'in-
dulgence de croire que les opinions que je viens d'émettre
n'en sont que la continuité.

Sans doute , il eût été heureux que la famille d'Orléans ne fût arrivée au trône que par succession et sans catastrophe déplorable ; mais Dieu ne l'a pas permis. Les princes bien élevés sous un régime constitutionnel, exempts de tout antécédent politique, en répondant à l'attente de l'armée , ont plu à la nation. La jeunesse est pour eux, ils peuvent s'assurer l'avenir. Dans notre situation appréciée sans passion , le vœu qui s'élèverait au ciel pour changer l'ordre de choses établi , serait d'un insensé ou d'un ambitieux, s'il n'était pas celui d'un ennemi de la France.

C'est en répétant à Charles X, d'une trop pieuse croyance peut-être , que les concessions le conduiraient, comme son vertueux frère, à l'échafaud, que d'imprudents amis, par des conseils qui tous n'ont pas le mérite d'avoir été dictés par un généreux désintéressement, l'ont conduit dans l'exil où il a eu le mérite de s'y montrer homme en dépit du sort.

La majorité des 221 de la restauration ne voulait pas plus que celle des 213 le renversement du trône. Tous les ministres qui ont su conserver la paix en étant fidèles observateurs des traités , ont , selon moi, bien apprécié les vœux et les intérêts de la nation. Sous ce rapport, les députés qui ont constamment donné leur concours à ce système de modération, me paraîtraient d'autant plus dignes de conserver la confiance de leurs concitoyens, qu'ils seraient plus disposés à demander qu'à l'avenir un bien plus grand nombre d'électeurs concourût à leur nomination , et progressivement les autres améliorations que j'ai énumérées.

Il n'est pas un Français qui voulût conserver la paix à

www.ingramcontent.com/pod-product-compliance
Lightning Source LLC
Chambersburg PA
CBHW060802280326
41934CB00010B/2526